PAUL WEBSTER & JÖRG JAH

Euroskop
Schülerbuch

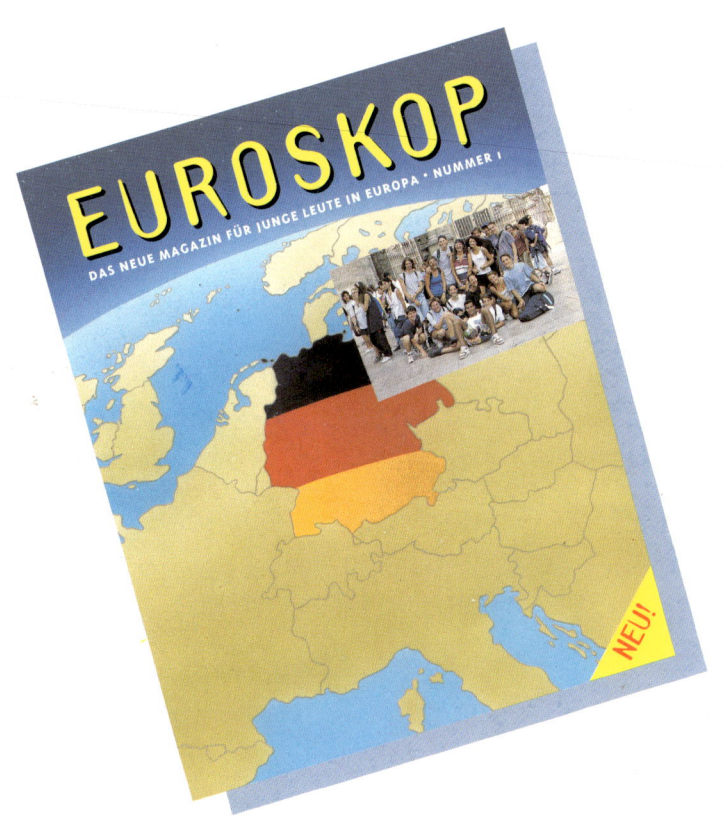

CAMBRIDGE UNIVERSITY PRESS

PUBLISHED BY THE PRESS SYNDICATE OF THE UNIVERSITY OF CAMBRIDGE
The Pitt Building, Trumpington Street, Cambridge CB2 1RP, United Kingdom

CAMBRIDGE UNIVERSITY PRESS
The Edinburgh Building, Cambridge CB2 2RU, United Kingdom
40 West 20th Street, New York, NY 10011-4211, USA
10 Stamford Road, Oakleigh, Melbourne 3166, Australia

© Cambridge University Press 1998

This book is in copyright. Subject to statutory exception and to the provisions of relevant collective licensing agreements, no reproduction of any part may take place without the written permission of Cambridge University Press.

First published 1998

Printed in the United Kingdom at the University Press, Cambridge

Typeset in Officina serif and Akzidenz Grotesk BE

A catalogue record for this book is available from the British Library

ISBN 0 521 48431 6 paperback

Cover illustration by Paul Bateman.
Illustrations on pp.50, 126, 130, 156, 157, 158, 162, 163, 165, 215 and 221 by Chris Scheuer.
Illustrations on pp.174, 191 and 196 by Joan Corlass.
Maps on pp.18, 26, 92, 96, 106, 108, 112, 118, 119, 121, 122, 135, 198 and 204 by Peter Massey.
All other illustrations by Ralf Zeigermann.

Acknowledgements

Textual material

Thanks are due to the following for permission to reproduce from copyright material:

32 Deutsche Bahn; 49 reproduced from a brochure produced by Touristik-Gruppe LTU; 82, 194 BRAVO/Heinrich Bauer SMARAGD KG; 123 Landesarbeitsgemeinschaft "Ferien auf dem Lande in Thüringen" e.V.; 148 Ursula Wilms, Astrid Hickisch; 142 Verlagsgruppe Jürg Marquard; 172 Bild Hannover, Axel Springer Verlag AG; 176 Societätsverlag, Frankfurt; 186 DATA BECKER GmbH & Co. KG; 221 Gong Redaktion.

Every effort has been made to locate copyright holders for all material in this book. The publisher would be glad to hear from anyone whose copyright has been unwittingly infringed.

Photographs

All of the photographs in this book were supplied by David Simson of DAS Photo, Septon, Belgium, except for the following:

15, 16, Nigel Luckhurst; 25, 82*br*, Popperfoto/Reuter; 27 (Berlin), 42, 46*cl*, Peter Adams; 27 (Vienna), Chris Linnett; 27 (currency), 33*a, b, j, k,* 36, 38, 96, 111 (left column), *cb, cr,* 116, 158, Martin Allen; 28*b*, Robin Weaver; 33*c*, 125*bl*, Mark Azavedo/The Travel Stock Shop; 33*e*, 118–9 (Kirche, Rotes Rathaus, Fernsehturm, Charlottenburg castle, cathedral), David Forman; 33*g*, 46*r*, Brian Gibbs; 33*d, h, l,* 71 (clock), 103*b*, 118 (Reichstag), 119 (Brandenburg Gate, Kongress-Zentrum), Michael Klinec; 33*m*, TRH Pictures/E. Partridge; 33*d*, 37, courtesy of Volkswagen, UK; 40*bl*, Thelma O'Donnell; 47, 98*t*, Ian Robertson; 58*b*, Philip Mariner; 65*bl*, David Toase; 79*b*, Eddy Tan/Life File; 82*tr*, Andre/Action Plus Photographic; 99*tl*, W. Lawler/Ecoscene; 99*tr*, 131*bl, c,* 188–9 5 and main pic, Roger Howard; 99*bl*, 101, Brian Mitchell; 102, Erik Schaffer/Ecoscene; 118*tl, tr,* 119*t*, 153*tl*, Topham Picturepoint; 119*t* (wall), Associated Press/Topham Picturepoint; 131*br*, B. A. West/Collections; 145*b*, Roger Job/photo courtesy of Médecins sans Frontières; 168*g, l,* SHOUT; 168*i*, Dave Thompson/Life File; 168*j*, Paul Risdale; 168*m*, Roger Scruton/Collections; 168*n*, Lionel Moss/Life File; 181*t*, Tick Ahearn, New York; 188–91, 6, 7, 8, Rex Features; 1899, Paul Brown/Rex Features; 202, 205*l*, © Matthias Makovec, Stockelsdorf; 205*r*, Action Plus Photographic; 210, Action Plus Photographic/Steve Bardens.

Inhalt

	Einleitung	4
1	Euroskop: die erste Nummer	7
2	Europa	18
3	Reisen	30
4	Urlaub	40
5	Meine kleine Welt	52
6	Feiern	64
7	Freizeit	74
8	Wir haben Hunger!	84
9	Umwelt	98
10	Stadtleben	110
11	Tourismus	121
12	Pauken macht Spaß	134
13	Du und deine Zukunft	144
14	Polizei!	156
15	Welt der Arbeit	168
16	Informationstechnik	179
17	Junge Kultur	188
18	Wir sind alle Ausländer	198
19	Gesundes Leben	208
20	Kommunikation	218
	Glossar: Deutsch-Englisch	228

Einleitung

What you will learn

1 Euroskop: die erste Nummer
- how magazines are made
- present tense of verbs

2 Europa
- European country names
- national character and stereotypes
- information about Austria, Germany and Switzerland

3 Reisen
- what to say when travelling by car, train or plane
- how to give reasons

4 Urlaub
- talking about holidays
- perfect tense of verbs

5 Meine kleine Welt
- describing your daily routine
- talking about where you live
- describing homes, rooms and people
- adjective endings

6 Feiern
- information about Christmas and other festivals in German-speaking countries
- invitations and parties
- dates and birthdays

7 Freizeit
- talking about leisure activities
- how to make arrangements with people
- subordinate clauses

8 Wir haben Hunger!
- talking about food
- healthy eating
- what to say when shopping and ordering a meal in a restaurant
- simple past tense

9 Umwelt
- dangers to the environment
- environmental awareness in Germany
- talking about the weather

10 Stadtleben
- asking the way and giving directions
- information about Berlin
- how to get information from a tourist office
- word order, including time, manner, place

11 Tourismus
- tourism in Germany
- exchange visits and what to say when staying with a German family.
- some colloquial expressions
- how to make suggestions and how to ask permission

12 Pauken macht Spaß
- school systems in different European countries
- learn to talk about school routine and other school-related issues
- relative clauses

13 Du und deine Zukunft
- talking about your future plans, hopes and fears
- writing to a tourist office
- military service in Germany
- how to talk about the future
- conditional sentences

14 Polizei!
- the police and how they deal with crime
- learn how to report a crime
- commands

15 Welt der Arbeit
- job applications and interviews
- weak nouns

16 Informationstechnik
- computers and technology
- giving opinions
- discussing the pros and cons of technology

17 Junge Kultur
- youth culture
- boyfriends and girlfriends
- shopping for clothes
- describing clothes and discussing fashion

18 Wir sind alle Ausländer
- problems faced by foreigners and their children in Germany
- mistakes that foreigners make when speaking German

19 Gesundes Leben
- healthy living and fitness
- how to talk about health and illness

20 Kommunikation
- how to talk on the telephone
- how to buy stamps
- letter writing
- discussing television programmes

Symbols used

  cassette   role-play

  homework cassette   words to look up in the glossary

  worksheet   The German Handbook

EUROSKOP

DAS NEUE MAGAZIN FÜR JUNGE LEUTE IN EUROPA • NUMMER 1

NEU!

Willkommen bei Euroskop!

- Euroskop ist ein neues Magazin für junge Leute in Europa!
- Euroskop bringt Informationen über das deutschsprachige Europa!
- Euroskop ist für alle jungen Leute, die Deutsch lernen!
- ·Ihr könnt auch Reporter werden und Artikel schreiben!
- Ihr könnt auch ein Magazin machen!

Unsere Reporter

Wir möchten unsere zwei Reporter vorstellen: Sabine Weigel und Christoph Jansen.

Sabine ist 25 Jahre alt und kommt aus Süddeutschland. Sie ist in München geboren. Sie hat am 24. August Geburtstag. Sabine hat schulterlange blonde Haare und blaue Augen und sie ist 1,69 Meter groß. Sie hat eine kleine Wohnung in Berlin, in der Innenstadt, und fährt einen VW-Polo. Ihre Hobbys sind Tennis und Fotografieren. Sie ist ziemlich ehrgeizig und möchte in ihrem Beruf viel Erfolg haben.

Christoph kommt aus Nordostdeutschland. Er ist in Schwerin geboren und er ist 24 Jahre alt. Christoph hat am 5. Mai Geburtstag. Er ist 1,80 Meter groß und hat braune Haare und grüne Augen. Er hat ein Zimmer am Stadtrand von Berlin. Er hat kein Auto sondern ein Motorrad, eine Honda. Seine Hobbys sind Fußball und Malen. Christoph ist genauso ehrgeizig wie Sabine. Er will Europas bester Journalist werden.

AUFGABEN

A Wer ist das?

Ist das Christoph, Sabine oder beide?

1. Wer ist vierundzwanzig?
2. Wer kommt aus Norddeutschland?
3. Wer hat blonde Haare?
4. Wer hat ein Motorrad?
5. Wer hat im August Geburtstag?
6. Wer ist Reporter?
7. Wer hat eine Wohnung?
8. Wer hat grüne Augen?
9. Wer ist ehrgeizig?
10. Wer spielt Tennis?

B Interviews

HB 4.3a, c

Mache Interviews mit Sabine und Christoph.

1. Wie heißen Sie?
2. Wie alt sind Sie?
3. Woher kommen Sie?
4. Wo sind Sie geboren?
5. Wann haben Sie Geburtstag?
6. Wie groß sind Sie?
7. Haben Sie ein Haus, eine Wohnung oder ein Zimmer?
8. Wo ist das?
9. Haben Sie ein Auto oder ein Motorrad?
10. Was für Hobbys haben Sie?

Sabine und Christoph: das erste Treffen

die Sekretärin	erst-
teuer	die Lokalzeitung
weit	gearbeitet
die Minute	der Monat
der Parkplatz	die Geschichte

Richtig oder falsch? Oder ist das möglich? Schreibe R, F oder M.

1. Sabine ist die Sekretärin.
2. Christophs Zimmer ist groß.
3. Christophs Zimmer ist teuer.
4. Sabine wohnt drei Minuten vom *Euroskop*-Büro.
5. Parken ist ein Problem für Christoph.
6. Christoph sagt, Sabine ist 26.
7. Dies ist Christophs erster Job.
8. Dies ist Sabines erster Job.
9. Christoph hat acht Monate bei einer Lokalzeitung gearbeitet.
10. Sabine hat jetzt ihre erste Geschichte.

Ihr seid auch Reporter. Macht Interviews in der Klasse und schreibt kleine Artikel über zwei oder drei Personen!

Euroskop: die erste Nummer

1 EUROSKOP: DIE ERSTE NUMMER

So macht man Euroskop

A Herr Vogel macht zuerst einen Plan für die nächste Ausgabe.

B Er diskutiert Pläne für den Artikel mit Christoph und Sabine.

C Christoph und Sabine gehen an die Arbeit.

D Christoph recherchiert und sammelt Informationen für seinen Artikel. Er telefoniert viel.

E Sabine arbeitet auch am Computer. Sie sucht Informationen im Internet.

F Sabine macht ein Interview.

G Der Fotograf macht Fotos.

1 EUROSKOP: DIE ERSTE NUMMER

H Herr Vogel liest den Artikel und schlägt Verbesserungen vor.

I Manchmal ärgert er sich!

J Die Designerin stellt das Layout zusammen.

K Mit Hilfe von Computern stellt man alles zusammen.

Die Redakteurin überprüft alles.

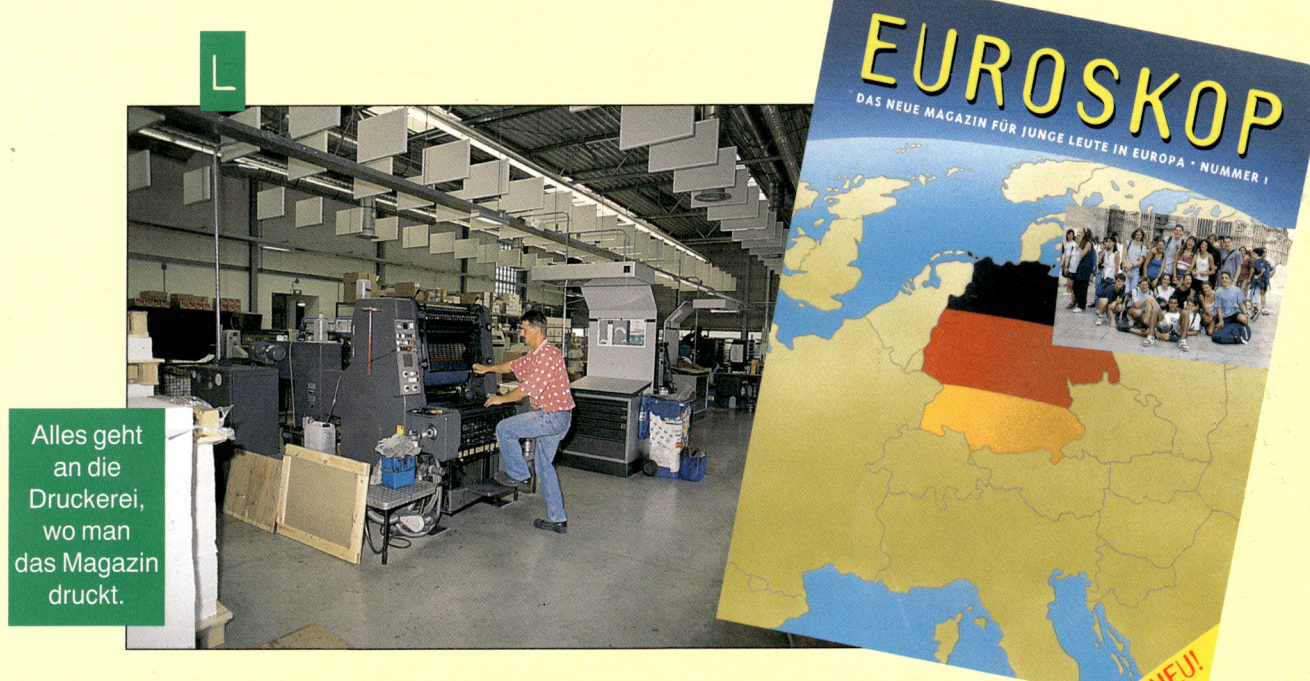

L Alles geht an die Druckerei, wo man das Magazin druckt.

EUROSKOP
DAS NEUE MAGAZIN FÜR JUNGE LEUTE IN EUROPA · NUMMER 1

NEU!

1 EUROSKOP: DIE ERSTE NUMMER

Das Präsens	HB 10.3	HB 10.5	HB 10.6	HB 10.7		
1 regelmäßige Verben	z.B.	machen	→	er macht einen Plan …		
		diskutieren	→	er diskutiert Pläne …		
		sammeln	→	sie sammeln Informationen …		
2 trennbare Verben	z.B.	zusammenstellen	→	sie stellt das Layout zusammen		
3 starke Verben	z.B.	lesen	→	er liest den Artikel		
		vorschlagen	→	er schlägt Verbesserungen vor		
4 reflexive Verben	z.B.	sich ärgern	→	er ärgert sich manchmal!		

ÜBUNGEN

A Wie macht man Euroskop?

Die Verben (im Infintiv) findest du neben der Übung. Was sind die richtigen Formen für den Text?

Herr Vogel ist der Chefredakteur von Euroskop. Er (1) die nächste Ausgabe. Er (2) Christoph und Sabine ihre Aufgaben. Sie (3) alles mit ihm und dann (4) sie alles für ihren Artikel. Beide (5) Interviews, (6) am Computer, (7) viel. Später (8) sie Fotos mit dem Fotografen. Sie (9) manchmal. Herr Vogel und die Designerin (10) das Layout (10).

1 planen (reg.)
2 geben (stk.) (er/sie/es gibt)
3 diskutieren (reg.)
4 recherchieren (reg.)
5 machen (reg.)
6 arbeiten (reg.) (er/sie/es arbeitet)
7 telefonieren (reg.)
8 machen (reg.)
9 sich ärgern (reg.)
10 zusammenstellen (reg.)

B Was macht ihr?

Ihr macht ein Magazin in der Gruppe. Was macht ihr? Vielleicht beginnt das so:

Wir machen einen Plan.
Wir diskutieren Pläne für den Artikel …

Wie geht das weiter?

1 EUROSKOP: DIE ERSTE NUMMER

AB 1.1 Eine Geschichte für Euroskop

Sabine und Christoph beginnen ihren ersten Artikel.

AB 1.2 Unsere Fremdsprachen

Hier sind Sabines und Christophs Fragen an die deutschen Schüler:

1 Wie heißt du?
2 Wie alt bist du?
3 In welcher Klasse bist du?
4 Welche Fremdsprachen lernst du?
5 Welche Sprache ist in deiner Schule die erste Fremdsprache?
6 Wie lange lernst du schon diese Sprache?
7 Wie lange lernst du schon die zweite Fremdsprache?
8 Welche Fremdsprache findest du leichter/schwieriger?
9 Warum?
10 Wie findest du Englisch?

So kannst du deine Meinung sagen:

Wie findest du	Französisch? Englisch? die Grammatik? die Aussprache? die Vokabeln?	Ich finde	Französisch Englisch die Grammatik die Aussprache die Vokabeln	super/toll. OK. kompliziert. schwierig. leicht.

Fremdsprachenlernen macht Spaß, oder?

Matthias Zink ist 16 Jahre alt und ist in der neunten Klasse. Er lernt Englisch und Französisch. Englisch lernt er schon vier Jahre lang, Französisch zwei Jahre. Matthias findet Französisch schwierig – die Grammatik findet er sehr kompliziert. Englisch findet er aber „super" und „toll", wie er sagt.

15 Jahre alt ist Barbara Brandt. Sie ist auch in der neunten Klasse. Ihre erste Fremdsprache ist Englisch und ihre zweite ist Spanisch. Sie findet die Grammatik und die Vokabeln in Spanisch leichter. Englisch findet sie schwierig, aber sie sagt: „Wir haben eine sehr gute Lehrerin."

Sven Reinsberg ist in der zehnten Klasse und ist 16 Jahre alt. Er lernt schon fünfeinhalb Jahre Französisch und dreieinhalb Jahre Englisch. Er findet Englisch schwieriger als Französisch. Sven sagt: „Ich kann die Vokabeln nicht lernen, aber die Popmusik in Englisch finde ich gut."

Auch in der neunten Klasse ist Christine Hofmann. Sie ist 15 Jahre alt und lernt Englisch und Französisch. Englisch ist ihre erste Fremdsprache, aber sie findet Französisch viel leichter als Englisch. Warum? Christine kommt aus Frankreich und spricht Französisch zu Hause!

1 EUROSKOP: DIE ERSTE NUMME

Macht Interviews in der Klasse über Fremdsprachen. Ihr könnt Sabines und Christophs Fragen adaptieren. Vielleicht könnt ihr die Interviews auf Kassette aufnehmen und eine Tabelle mit den Ergebnissen machen.

Dann könnt ihr Artikel schreiben wie der Artikel von Sabine und Christoph.

Informatik und Design

So macht man ein Magazin am Computer:

SvenReinsberg ist in der zehten klasse und ist 16 Jahre alt. nEr lernt schon fünfeinhalb Jahre Französisch und dreieinhalb Jahre English. Er findet Englisch schwierger als Französisch. Sven sagt: „Ich kann die Vokabeln nicht lernen, aber die Popmusik in Englisch finde ich gut."

 Leerzeichen Schrift fett kursiv

Zuerst kommt der Text. Oft hat er einige Fehler. Manchmal fehlt ein Buchstabe, ein Leerzeichen oder ein Umlaut. Manchmal gibt es zu viele Buchstaben, Leerzeichen oder Umlaute, oder zwei Buchstaben sind versetzt. Wo sind die Fehler in diesem Text? Wie viele Fehler gibt es?

Dann macht der Designer (bzw. die Designerin) Designs für das Layout. Man kann seine Phantasie spielen lassen. Wie findest du diese drei Designs? Welches Design findest du am besten?

ROSKOP: DIE ERSTE NUMMER

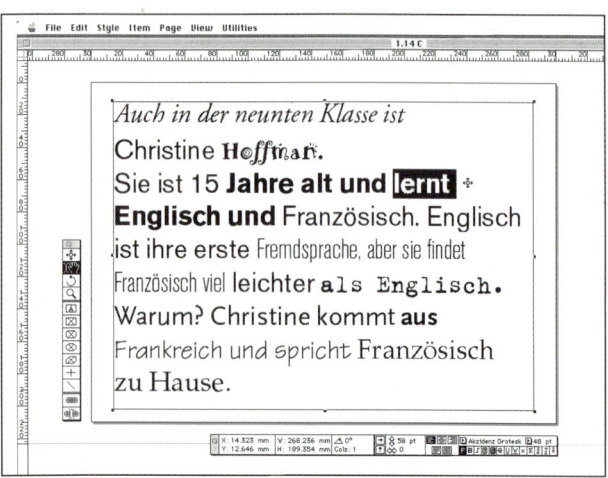

Man kann den Text größer oder kleiner machen, fett oder kursiv. Es gibt auch sehr viele verschiedene Schriften. Welche Schrift findest du am besten?

Dann kommen die Bilder und Fotos. Aber braucht man das ganze Foto? Was findest du besser?

Man kann auch gute Bilder mit dem Computer machen.

Hier verwendet man die Grafik als Hintergrund. Sie braucht nicht sehr scharf zu sein. Jetzt ist die Seite fertig!